Selbstwirksamkeitserwartung, Stress und Ablauf eines gesundheitspsychologischen Beratungsgesprächs

Marie-Louis Ebert

Bibliografische Information der Deutschen Nationalbibliothek:

Die Deutsche Nationalbibliothek verzeichnet diese Publikation in der Deutschen Nationalbibliografie; detaillierte bibliografische Daten sind im Internet über http://dnb.d-nb.de abrufbar.

ISBN: 9783346782472
Dieses Buch ist auch als E-Book erhältlich.

© GRIN Publishing GmbH
Nymphenburger Straße 86
80636 München

Druck und Bindung: Books on Demand GmbH, Norderstedt Germany
Gedruckt auf säurefreiem Papier aus verantwortungsvollen Quellen

Das vorliegende Werk wurde sorgfältig erarbeitet. Dennoch übernehmen Autoren und Verlag für die Richtigkeit von Angaben, Hinweisen, Links und Ratschlägen sowie eventuelle Druckfehler keine Haftung.

Das Buch bei GRIN: https://www.grin.com/document/1308627

Deutsche Hochschule für

Prävention und Gesundheitsmanagement

Hermann Neuberger Sportschule 3

66123 Saarbrücken

Einsendeaufgabe

Fachmodul:	Psychologie des Gesundheitswesens
Studiengang:	Bachelor of Arts - Gesundheitsmanagement
Datum Präsenzphase:	09.03.2020 – 11.03.2020
Name, Vorname:	Ebert, Marie-Louis
Studienort:	**Berlin**
Semester:	**WS 2019**

Inhaltsverzeichnis

1 Selbstwirksamkeitserwartung

1.1 Definition

Nach Verständnis von Bandura ist Selbstwirksamkeit die Zuversicht, das gewünschte Verhalten ausführen zu können. Die zu erfassende Selbstwirksamkeitserwartung aus Aussagen zum Thema sportliche Aktivität kann man somit auf die Zuversicht beziehen, trotz negativen Umwelteinflusses oder emotionaler Dysbalancen gewisse Trainingszeiten einzuhalten. Eine jeweils höhere Selbstwirksamkeitserwartung wurde von den Personen angegeben, welche sich bereits auf einer fortgeschrittenen Stufe der Verhaltensänderung befanden. (Basler et al., 1999, S. 203-216)

1.2 Stichprobe mit der SSA-Skala: Selbstwirksamkeit zur sportlichen Aktivität

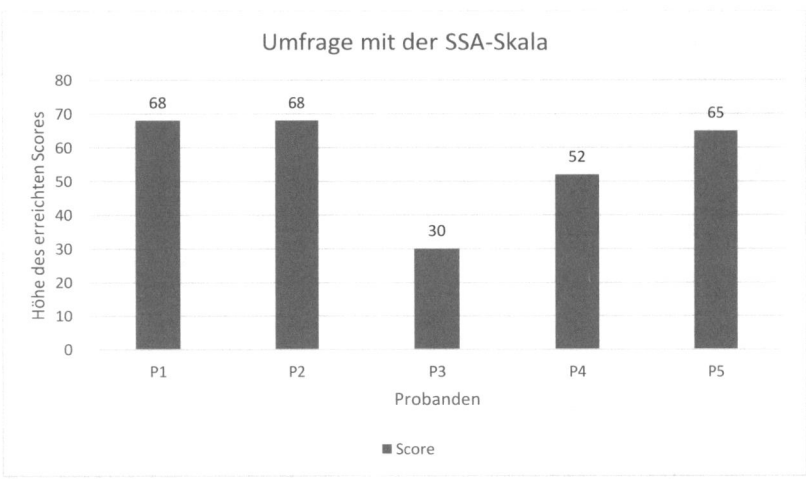

Abb. 1: Umfrage mit der SSA-Skala

Mit der SSA-Skala wurden fünf Probanden befragt, davon sind 60% weiblich und 40% männlich (Pieter, 2019, S. 92). Das Durchschnittsalter beträgt 21,6 Jahre. P1 und P2 haben einen Selbstwirksamkeitsscore von 68 erzielt, P3 30, P4 52 und P5 65. Der durchschnittliche Wert liegt hierbei bei 56,6. P1 und P2, welche die 40% an männlichen Teilnehmern bilden, haben mit 68 das höchste Ergebnis. Die weiblichen Probanden P3, P4 und P5 liegen alle unter 68. Somit kann man daraus schließen, dass die männlichen Personen im Allgemeinen eine höhere Selbstwirksamkeit haben als die weibliche. Wie bei der ursprünglichen Verwendung der SSA-Skala wurde auch diese, durch das Aufsummieren der insgesamt zwölf Angaben, erstellt. Der daraus resultierende Score gibt die persönliche Selbstwirksamkeit wieder. Die Ergebnisse können zwischen 12 und 84 liegen. Je höher der Score, desto höher liegt die Selbstwirksamkeit in Verbindung mit sportlichen Aktivitäten. Probanden, dessen Score sehr hoch liegt, können ihre gesunde Verhaltensweise mit einer höheren Wahrscheinlichkeit aufrechterhalten als Probanden mit einer niedrigeren Score-Zahl. Der sportliche Ausgleich wird als wichtiger Bestandteil im Alltag erachtet und ohne Ausnahme durchgezogen. Bei einem niedrigeren Ergebnis ist die Bereitschaft, auf Sport zu verzichten, höher. Bei allen weiblichen Probanden ist zu erkennen, dass diese Bereitschaft vor allem dann deutlich wird, wenn es um den gesellschaftlichen Faktor geht. Somit wird die Pflege sozialer Kontakte dem Sport vorgezogen. Zusammenfassend kann man also sagen, dass vor allem zwischen den Geschlechtern Unterschiede bestehen.

1.3 Studienrecherche zum Thema „Selbstwirksamkeitserwartung"

Dohnke, B., Müller-Fahrnow, W. & Knäuper, B. (2006). Der Einfluss von Ergebnis- und Selbstwirksamkeitserwartungen auf die Ergebnisse einer Rehabilitation nach Hüftgelenkeinsatz. *Zeitschrift für Gesundheitspsychologie, 14 (1)*, 11-20.

Schneider, J. & Rief, W. (2007). Selbstwirksamkeitserwartungen und Therapieerfolge bei Patienten mit anhaltender somatoformer Schmerzstörung (ICD-10: F54.4). *Zeitschrift für Klinische Psychologie und Psychotherapie, 36 (1)*, 46-56.

Tab. 1: Vergleich zweier wissenschaftlicher Studien zur Thematik Selbstwirksamkeitserwartung

	Dohnke et al. (2006)	**Schneider & Rief (2007)**
Fragestellung	Beeinflussen Reha-Motivationen die Ergebnisse einer Rehabilitation nach Hüftersatz?	Führen Therapieerfolge in Schmerzbewältigung und Beeinträchtigung zur Steigerung der Selbstwirksamkeitserwartung? Welchen relativen Beitrag leisten Erfolge in diesen Bereichen?
Stichprobe	1065 Patienten, in 13 orthopädischen Reha-Kliniken, 40% männlich und 60% weiblich, Durchschnittsalter: 64,58 Jahre, 92% Hauptdiagnose Hüftarthrose, Reha-Maßnahmen begannen durchschnittlich 21,56 Tage nach der Operation, durchschnittliche Dauer der Reha-Maßnahme: 22,64 Tage	316 Patienten mit somatoformer Schmerzstörung der Edertal Klinik (zum Ende 298 Patienten), welche zw. April 2002 und Juli 2003 stationäre psychosomatische Rehabilitation erhielten (Hauptdiagnose: „Anhaltende somatoforme Schmerzstörung"); Durchschnittsalter: 47,9 Jahre; überwiegend

		weiblich (85,1%); stationäre Behandlung ging durchschnittlich 38,4 Tage; durchschnittlich 2,6 Diagnosen im ärztlichen Entlassungsbericht
Materialien/Test	Fragebogen (Reha-Beginn (T1), Reha-Ende (T2), sechs Monate nach Entlassung (T3)); T1 und T2: Alter, Geschlecht, Schmerzen, eingeschränkte ADL-Funktion; T1: Ergebnis- und Selbstwirksamkeitserwartung, Depressivität, behandlungsbezogene Erwartungen, ärztliche Angaben zum körperlichen Gesundheitszustand	Strukturgleichungsmodelle zur Analyse der Hypothesen formuliert und im Rahmen konfirmatorischer Pfadanalysen mit Programm LISREL 8.7 überprüft; Untersuchung bei Aufnahme und Abschluss einer stationären psychosomatischen Rehabilitation von Selbstwirksamkeitserwartung, Schmerzbewältigungsstrategien, schmerzbedingter und allgemeinpsychischer Beeinträchtigung;
Untersuchungsdesign	Längsschnittanalyse in Form einer prospektiven Beobachtungsstudie	Längsschnittanalyse in Form einer Feldstudie
Hauptergebnisse	Je höher die Selbstwirksamkeitserwartung der Patienten und je höher deren positive Ergebniserwartungen waren, desto besser fielen die Reha-Ergebnisse gegen Ende aus.	Bei Patienten mit somatoformer Schmerzstörung ändern sich Selbstwirksamkeitserwartungen in Abhängigkeit von Veränderungen der erlebten Beeinträchtigungen und Schmerzbewältigungsstrategien.

Für den Vergleich, beginnend mit Studie 1, lässt direkt festzuhalten, dass definitiv durch eine höhere Teilnehmerzahl ein genaueres Ergebnis erzielt werden konnte. Die Studie 2, welche in der Edertal Klinik durchgeführt wurde, zählte zu Beginn 316 abgegebenen Fragebögen und zum Ende der Entlassung nur noch 298. Somit ergab sich eine Rücklaufquote über die zwei festgelegten Messpunkte von 93,1%. Daraus folgt auch die Feststellung, dass Studie 1 mehr Messunkte angewandt hat als Studie 2. Des Weiteren wurden beim genaueren Lesen in der ersten Studie Fragestellungen zu gewissen Angaben genauer unterteilt. Z.B. wurde zur Thematik Schmerz zwischen drei Belastungssituationen unterschieden. Zusätzlich wurde eine Ratingskala zur genaueren Einordnung der Schmerzen genutzt. Ratings und Skalen wurden auch bei der zweiten Studie angewandt. Ebenso spricht auch für diese Studie, dass die Fragestellung erweitert wurde, indem die relative Beitragsleistung von Erfolgen in den verschiedenen Bereichen zur Steigerung der Selbstwirksamkeitserwartung untersucht wurde. Letztendlich kamen jedoch beide der untersuchten Studien ungefähr zum gleichen Ergebnis, wobei Studie 1 eine genauere Quelle darstellt.

2 Literaturrecherche zum Thema Stress

2.1 Definition

Im Interview mit M. Euler ist laut Heilpraktiker Andreas Lux Stress im gesundheitspsychologischen Sinne eine Reaktion des Menschen, in körperlicher und psychischer Form, auf eine Situation, welche als nicht machbar eingeordnet wird. Wichtig hierbei ist, dass Stress individuell ist. Somit löst nicht zwingend jede Situation oder ein bestimmter Umstand bei allen Menschen eine Stressreaktion aus (Euler, 2020, S. 117).

2.2 Studienrecherche zum Thema „Selbstwirksamkeitserwartung"

Passend zur Thematik wurde 1974 das Transaktionale Stressmodell von Richard Lazarus veröffentlicht. Nach ihm ist für die Stressreaktion die subjektive Bewertung einer Situation durch den Betroffenen von Bedeutung. Zudem wird ein Reit erst als stressig empfunden, wenn der Mensch ihn als solchen bewertet (Rusch, 2019, S. 15). Beim Transaktionalen Stressmodell wird diese Situationsbewertung in folgende drei Stufen unterteilt: Primär-, Sekundär- und Tertiärbewertung. Letztere wird auch Neubewertung genannt. In der Primärbewertung wird der Reiz entweder als positiv oder irrelevant eingeordnet. Bei letzterem kommt es zu keiner Stressreaktion. Zwischen Primär- und Sekundärbewertung wird der Stress als Herausforderung, Bedrohung oder Verlust festgelegt. Unabhängig von der Einordnung, ist diese Entscheidung negativ behaftet (Rusch, 2019, S. 67). Für die nächste Stufe spielt die Selbstwirksamkeit eine wichtige Rolle, da die eigenen Bewältigungsfähigkeiten und -möglichkeiten eingeschätzt werden (Rusch, 2019, S. 67). Wenn genau diese Punkte überschritten werden, wird eine Stressreaktion ausgelöst. Durch die Bearbeitung der gegebenen Situation oder durch emotionsorientiertes Coping kommt es zu der Bewältigung der Stresssituation. Das sogenannte „emotionsorientierte Coping" ist hierbei lediglich die Veränderung der eigenen Wahrnehmung. Zum Schluss wird der Erfolg der Bewältigungsstrategie bewertet, um sich an die neue Situation anzupassen.

2.3 Entstehung

Wenn wir nach der eigentlichen Funktion in der Menschheitsgeschichte gehen, können Stressreaktionen als sinnvoll eingeordnet werden. Durch Ausschüttung von Stresshormonen, wie beispielsweise Adrenalin, wird unser Organismus dazu befähigt, bei auftretender Gefahr wegzurennen oder zu kämpfen (Döbele & Becker, 2016, S. 328). Durch das Stresshormon werden unsere Sinne geschärft, die Atemfrequenz nimmt zu, auch die Herzfrequenz und der Blutdruck, um die Muskulatur besser zu durchbluten. Heutzutage entsteht Stress jedoch eher in einem anderen Kontext. Unsere Gesellschaft leidet unter zu wenig Zeit, Überforderung im Beruf oder auch unter allgemeinen finanziellen Problemen (Döbele & Becker, 2016, S. 328). Dadurch entfällt die ursprüngliche Funktion des Schutzes für den menschlichen Organismus fast komplett. Wenn Stress chronisch wird, zeigt sich dies durch Müdigkeit, Gereiztheit oder nachlassender Leistung (Döbele & Becker, 2016, S. 328). Wenn äußere Faktoren Einfluss auf uns nehmen und in uns Stress erzeugen, gibt es verschiedene Formen der Reaktion. Zum einen die bereits angedeutete psychische Ebene: man fühlt sich überfordert, gehetzt, hat Angst und macht sich eventuell sogar Vorwürfe. Des Weiteren kann sich unser Verhalten deutlich ändern. Wir verspüren neben der meist auftretenden Gereiztheit eine nicht benötigte Eile, legen kaum noch Pausen ein, Essen schneller oder verfallen in sogenannte Ersatzhandlungen, wie z.B. Rauchen (Döbele & Becker, 2016, S. 329). Wichtig zu erwähnen ist, dass nicht alle dieser Symptome Stress als Ursache haben müssen. Auch durch Vitamin- oder Mineralienmängel oder sogar schwere Erkrankungen oder Depressionen können diese Reaktionen hervorgerufen werden (Euler, 2020, S. 118). Darum wäre eine genaue Untersuchung bei solchen Symptomen zu empfehlen. Des Weiteren gibt es auch sogenannte persönliche Stressverstärker. Diese sind in erster Linie bei Personen aufzuweisen, welche sich dauerhaft profilieren müssen, nach Perfektion streben, schnell ungeduldig sind und vor allem auch unfähig sind, eigene Leistungsgrenzen zu akzeptieren (Kaluza, 2018, S. 13). Außerdem herrscht ein enormes Harmoniestreben, welches die Betroffenen dazu bringt, es anderen Menschen in ihrem Umfeld recht zu machen und daher die eigenen Bedürfnisse in den Hintergrund stellen. Darunter leidet schlussfolgernd die eigene Gesundheit und psychische Stabilität. Wenn diese Formen des ungesunden Stresses, auch Dysstress genannt, zum Dauerzustand werden, kommt es zum chronischen Dysstress-Syndrom (Hansch, 2011, S. 7). Oft wird mit Hilfe von Tabletten- und Alkoholmissbrauch oder auch Frustessen versucht, die Symptome des Syndroms zu bekämpfen. Dabei handelt es sich um schlechte Stimmung, Gereiztheit, Schlafstörungen, Konzentrationsprobleme und noch vielem mehr

(Hansch, 2011, S. 7). Schnell kann das Entgegenwirken zu einer Suchterkrankung führen und das Metabolische Syndrom fördern. Außerdem kann es weiterführend zur Entstehung von Herz-Kreislauf-Erkrankungen kommen. Ein langanhaltendes Dysstress-Syndrom kann auch direkt in eine Depression, Angsterkrankung oder ein Burnout-Syndrom übergehen (Hansch, 2011, S. 8). Um diese Folgen vorzubeugen, sollten bereits in der Phase des Dysstresses Erholungsphasen eingeführt werden.

2.4 Aktuelle Zahlen und Daten

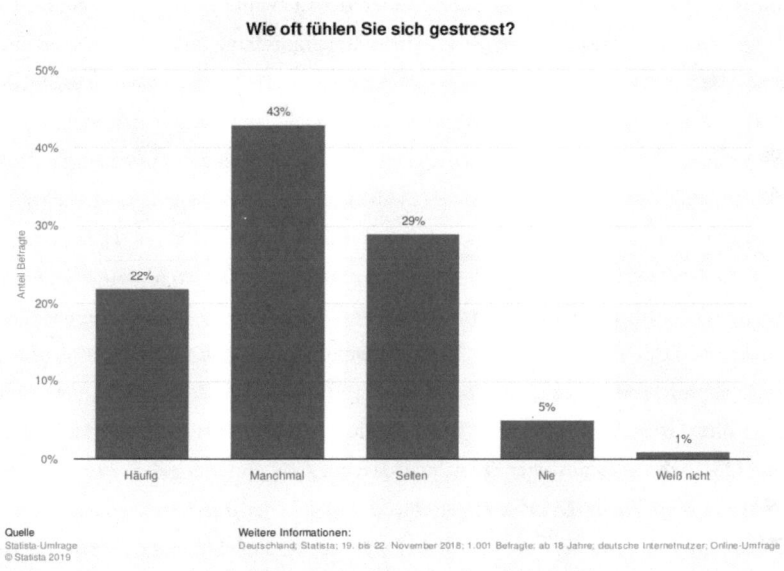

Teilgenommen an dieser Umfrage, welche vom 19. bis zum 22. November 2018 online durchgeführt wurde, haben 1.001 Internetnutzer ab 18 Jahre in Deutschland (Statistika-Umfrage veröffentlicht von Kunst, A., 2019, Wie oft fühlen Sie sich gestresst?). Sie zeigt, dass der höchste prozentuale Wert bei Angaben der Häufigkeit des Stressbefindens bei „manchmal" liegt. Um die 20 bis 30% pendelt sich „häufig" und „selten" ein, wobei ersteres sieben Prozent weniger aufweist. Das zeigt, dass sich das häufige Stressempfinden in Deutschland im Rahmen hält. Nur ein Prozent weiß sein Stressempfinden nicht zuzuordnen was daherkommen kann, dass Stress keine essenzielle Rolle in deren Leben spielt.

Ganze 65% gehören allerdings zu denjenigen, welche ab und zu bzw. relativ häufig Stress empfinden. Demnach leidet doch mehr als die Hälfte der Teilnehmer an dem, was sie als Stress empfinden und definieren.

2.5 Interventionsprogramm zur Reduktion von Gesundheitsrisiken

Als Interventionsprogramm bietet sich das Anti-Stress-Training an, welches basierend auf der psychologischen Stresskonzeption von Lazarus für Kinder im Alter von 8 bis 13 Jahre entwickelt wurde. Das sogenannte AST_6, 2003 von Hampel und Petermann entworfen, besteht aus einem sechsstündigen kognitiv-behavioralem Stressbewältigungstraining. Das AST_6 wiederum ist an das Stressimpfungstraining von Meichenbaum angelehnt (Backhaus, Petermann & Hampel, 2010, S. 119-128). Ziel der Studie ist es, mit dem AST eine Stressreduktion bei Kindern im Grundschulalter zu erzielen. Ausgeführt wurde sie von einer Diplom-Sozialarbeiterin, einer Diplom-Psychologin und einem Studenten der Gesundheitswissenschaften. An der Studie nahmen insgesamt 102 Kinder, davon 50 männlich und 52 weiblich, im Alter zwischen sieben und elf Jahre teil. Die Kinder aus acht Klassen zweier Grundschulen im Raum Lüneburg besuchten die dritte und vierte Klasse. Die Grundschulkinder wurden zufällig in zwei Gruppen, „Kontrollgruppe" und „Interventionsgruppe", eingeteilt. Die Interventionsgruppe bekam das AST_6 und die Kontrollgruppe erhielt kein AST. Es gab drei zeitliche Messpunkte: vor der Intervention (T1), direkt nach der Intervention (T2) und sechs Wochen nach Beendigung der Intervention (T3). Das Ergebnis dieser Studie war, dass ein AST für Grundschüler auf jeden Fall Wirkung zeigt. Da zu T3 keine Unterschiede zwischen der Interventionsgruppe und der Kontrollgruppe aufzuweisen waren wird empfohlen, die Trainingsergebnisse durch einen „Auffrischungskurs" zu stabilisieren. Eine weitere Empfehlung wäre, Teile des AST in den Schulalltag zu integrieren. Letztendlich ergab die Studie, dass der AST an Grundschulen zur Förderung der psychischen Gesundheit von Kindern beiträgt.

2.6 Konsequenzen für eine gesundheitsorientierte Beratung

Stress zählt mittlerweile zu den Volkskrankheiten in Deutschland. Fast 50% in Deutschland leiden in gewissen zeitlichen Abständen unter Stress. Zwar wird Stress von Person zu Person anders wahrgenommen und eingeordnet, jedoch liegt genau in dieser Wahrnehmung die Gefahr, schnell an Angststörungen, Burnout oder Depressionen zu erkranken. Das 21. Jahrhundert ist geprägt von wenig Zeit, vielen Aufgaben und schnellem

Funktionieren der Menschen im Berufsleben. Vor allem durch die digitalen Medien, welche sich in einer enormen Geschwindigkeit entwickeln, leidet der heutige Mensch unter einem dauerhaften Informationsüberschuss. Unserem Gehirn wird keine Erholung gestattet, es sei denn, wir finden eine Nacht mehr als acht Stunden Schlaf. Das Arbeitsverhalten des Workaholics verbreitet sich immer mehr, jedoch kann der menschliche Organismus das nicht auf Dauer durchhalten. Die ansteigenden Zahlen von Erkrankten an Depression und Burnout sollte uns ein Warnschuss sein. Zwar ist eine deutschlandweite Einführung von Erholungsphasen im stressigen Alltag sehr unrealistisch, jedoch sollte jeder in einer Beratung die benötigte Hilfe erhalten. Wichtig hierbei ist das Bewusstmachen, unter Stress zu leiden welcher in einer Krankheit enden kann. Trotz des unterschiedlichen Empfindens von Stress sollte die Grenze gezogen bzw. erkannt werden und somit Konsequenzen gezogen werden.

3 Gesundheitspsychologisches Beratungsgespräch

3.1 Stand der Kundin im Prozess der Verhaltensänderung

Für diese Aufgabenumsetzung wurde das Fallbeispiel 3 in Verbindung mit dem Transtheoretische Modell (TTM) gewählt.

Dieses Modell des Gesundheitsverhaltens ist in fünf Stufen der Veränderung aufgeteilt. Die aufeinander folgenden Stufen weisen insbesondere bestimmte Zeitspannen auf, welche jedoch auch individuell variieren können. Für dieses Fallbeispiel wird es keine spezielle Anpassung geben.

Auf Stufe eins des TTMs herrscht Absichtslosigkeit bzw. Sorglosigkeit. Die betroffene Person hat ein eindeutiges Problem, sieht jedoch nicht ein, dieses in den nächsten sechs Monaten zu ändern. Dieser Zustand ist somit Status Quo. Auf Stufe zwei bildet sich eine Absicht. Es entwickelt sich eine Neigung, das Verhalten in den folgenden sechs Monaten zu ändern. Wenn der erste Schritt zur Veränderung eingeleitet wurde, befindet sich die Person auf Stufe drei, der Vorbereitung. Innerhalb des nächsten Monats wird ein Zielverhalten wahrscheinlich und von Seiten der betroffenen Person werden schon erste Schritte unternommen. Stufe vier ist dann bereits die Handlung. Das (Ziel-)Verhalten wurde schon seit mindestens sechs Woche eingeleitet. Auf der letzten Stufe befindet sich die logisch schlussfolgernde Aufrechterhaltung des entstandenen Verhaltens zur Zielerreichung. Das Zielverhalten wird nun seit mindestens sechs Monaten beibehalten und ein eventueller Rückfall ist in diesem Modell ziemlich gering.

Die Kundin Frau Wagner ist in diesem Modell auf die zweite Stufe einzuordnen. Sie hat erkannt, dass ihre derzeitige Lebensweise auf Dauer nicht gesund ist, und möchte etwas daran ändern. Dies lässt vorerst vermuten, dass sie bereits auf Stufe drei ist, jedoch hat sie sich noch nicht zu einer genaueren Handlung entschließen können, da sie keine direkte Vorstellung davon hat, wie diese konkret aussehen könnte. Um auf die Stufe der Vorbereitung zu gelangen, welche direkt zur Handlung führt, benötigt Frau Wagner genauere Vorschläge zur Umsetzung. Diese müssen individuell an ihren täglich straffen Zeitplan angepasst werden, sodass es für sie eine Umsetzung auch realistisch ist. Ziel sollte sein, Frau Wagner die Bedeutung eines ausgeglichenen Alltages näher zu bringen. Laut der Angaben im Fallbeispiel leidet sie nicht an Übergewicht, wodurch somit eine zu unausgeglichene Ernährung als Grund des Bluthochdrucks ausgeschlossen werden kann. Die Ursache liegt wahrscheinlich primär an der nicht vorhandenen regelmäßigen körperlichen Bewegung. Demnach sollte sie sich bewusstwerden, dass regelmäßiger Sport essenziell für ihre Gesundheit ist und zu einer allgemeinen Verbesserung ihres Zustandes führen wird. Das Gefühl von Müdigkeit kann ausgeglichen werden. Obwohl Frau Wagner bereits von ihrem Bluthochdruck weiß, sollte sie einen sportmedizinischen Check-Up machen, um eventuell zusätzlich auftretende Einschränkungen aufzudecken und diese direkt in der angestrebten Lebensumstellung einbeziehen zu können. Unerwartete Ergebnisse können zudem einen gewissen Ansporn geben und die Absicht der Veränderung bestärken bzw. unterstützen. Somit steht Frau Wagner nichts mehr im Wege, um in die Vorbereitung zu gehen.

3.2 Gesundheitspsychologische Beratung

Ein wichtiger Bestandteil eines Beratungsgespräches, egal in welchem Bereich, ist das Verhalten des Beraters. Er sollte aktiv zuhören und somit wichtige Punkte seines Kunden auffassen und wiedergeben können. Dadurch fühlt sich der Kunde gut aufgehoben und in seinem Problem verstanden. Das sogenannte „Spiegeln", d.h. nachahmen von Bewegungen, Ausdrucksweisen oder auch Gesten seines Gegenübers, gibt dem Kunden zusätzlich das Gefühl, dass der Berater ihn versteht und er gut aufgehoben ist. Sollte der Kunde ab einem gewissen Punkt auch Bewegungen des Beraters übernehmen, dann ist es ein Zeichen des Wohlfühlens und die Person in der Beraterposition kann sich sicher sein, dass die Situation nicht als unangenehm empfunden wird.

In dem gewählten Fallbeispiel ist bereits ein Ansatz zur Verhaltensänderung sichtbar. Frau Wagner möchte ihre inaktive Verhaltensweise ändern, weiß aber noch nicht wie diese Veränderung für sie aussehen soll. Dazu kommt, dass sie teilweise bis zu 50 Stunden die Woche arbeitet und des Öfteren verreisen muss. Trotz allem ermöglicht es dem Berater einen leichteren Einstieg in das Beratungsgespräch, da die Kundin bereits ihr Problem erkannt hat, und nicht erst in die Richtung der Einsicht gelenkt werden muss. Nun ist es wichtig, die Kundin darin zu bestärken, dass sie schon viele wichtige Schritte in die richtige Richtung gemacht hat. Für den weiteren Gesprächsverlauf sollte die sogenannte 80/20-Regel eingehalten werden. Die Kundin redet 80%, die Beraterperson 20%. Dadurch können so viele Informationen wie möglich über z.B. Frau Wagner herausgefunden werden und der Berater kann sich voll und ganz auf die Aufgabe des aktiven Zuhörens fokussieren. Um dies zu erreichen, helfen zu Beginn vor allem offene Fragen. Ein maximales Zusammentragen an Informationen ist somit gesichert. Im Fall von Frau Wagner ist es kaum noch nötig, dass sie sich ihres Problems bewusst wird. Der Berater könnte stattdessen darin übergehen Frau Wagner zu fragen, was sie denn für Ideen zu Umsetzung hätte bzw. wie sie sich vorstellen könnte, die Verhaltensveränderung aktiv in ihren Alltag mit einzubringen. Diese Form des Suchens von Lösungsansätzen lässt die Kundin mitwirken und gibt ihr am Ende das Gefühl, dass sie an der letztendlichen Lösung mitgewirkt hat. Die eigene Motivation wird dadurch gestärkt und sie kann sich eher an die zukünftigen Veränderungen gewöhnen. Wichtig ist, die Kundin nicht direkt in ihren Ideenvorschlägen zu korrigieren, sondern ihr positives Feedback zu geben. Grundlegend sollte keine Idee direkt als falsch gewertet werden. Die resultierenden Ansätze werden aufgefasst und die eigenen Vorschläge, sprich die des Beraters, darauf aufgebaut. Der erste Schritt in Richtung Ziel ist somit getan. Um mit der Kundin in die spezifischere Richtung zu gehen, lenkt man sie durch Alternativfragen zur Lösung. Frau Wagner hat wenig Zeit und durch das Reisen eher einen unregelmäßigen Alltag. Eine realistische Einschätzung der Umsetzung ihrerseits kann dem Berater eine ungefähre Vorgabe geben, inwiefern und mit wieviel Zeitaufwand sie die notwendigen Veränderungen zur Zielerreichung umsetzen kann. Sollte diese Einschätzung eher negativ ausfallen, wird mit der Unterstützung der Intentionsbildung fortgefahren, welche auf vergangene Erfolge und eventuell in Zukunft auftretende Probleme hinführt (Pieter, 2019, S. 223).

Die darauffolgende Zielerarbeitung führt zur Formung der Lösungen und schließt somit die Beratung vorerst ab.

3.3 Theoretischer Ablauf eines Beratungsgespräches

Phase der Intention

Berater: (lächelnd, Hand gebend) Schönen guten Tag Frau Wagner! Haben sie gut hierher gefunden?

> Kundin: (Handschlag erwidernd) Schönen guten Tag. Ja es ging schnell und es gibt ja auch genügend Parkplätze. Dadurch musste nicht lange suchen.

Berater: Das freut mich zu hörn. Kann ich Ihnen ein Wasser, Saft oder Tee anbieten?

> Kundin: Ein Wasser bitte.

Berater: Hier bitte. Sie hatten sich bei mir gemeldet mit dem Anliegen, Ihre inaktive Lebensweise zu verändern. Ist das richtig?

> Kundin: Ja genau. An sich sieht man mir körperlich nicht an, dass ich sportlich inaktiv bin. Wenn ich geschäftlich verreise und an Geschäftsessen teilnehme, achte ich auf eine ausgewogene Ernährung. Das war dann aber auch schon alles, was ich für meine Gesundheit mache. Durch die volle Arbeitswoche, von teilweise bis zu 50 Stunden, sitze ich entweder am Tisch oder im Auto, fahre von einem Termin zum anderen und bekomme dementsprechend auch nicht sehr viel Schlaf. Ich weiß, dass es nicht optimal ist, deswegen bin ich auch hier.

Berater: Hm okay. Es ist auf jeden Fall erstmal ein großer Schritt, dass sie Ihr Verhalten so einschätzen und sich dazu entschieden haben, etwas zu verändern. Andere Personen brauchen dafür teilweise Jahre. Was möchten Sie denn genau verändern?

> Kundin: Spätestens als beim Arzt herauskam, dass ich hohen Blutdruck habe wusste ich, dass es so nicht weiter gehen kann. Ich habe eine wichtige Position im Unternehmen und kann mir nicht leisten, durch gewisse Risikofaktoren zu fehlen. Mir wurde gesagt, dass Ursachen von Bluthochdruck u.a. Stress und Bewegungsmangel sind, welche alle auf mich zutreffen.

Berater: Um diese Risikofaktoren zu beeinflussen wollen sie jetzt also handeln und somit die eventuellen Auswirkungen des Bluthochdrucks vorbeugen?

> Kundin: Ja genau.

Berater: Und was hat Sie bis jetzt davon abgehalten?

> Kundin: Ich konnte einfach durch den ganzen Arbeitsstress keinen freien Kopf bekommen, um genauer darüber nachzudenken. Jetzt da ich Urlaub habe, wollte

ich mir bewusst die Zeit nehmen, auch mal meine Gesundheit in den Vordergrund zu stellen. Ich bin noch nicht so alt und habe den größten Teil meines Lebens vor mir. Ich möchte gesund sein und nicht meine zukünftige Gesundheitsentwicklung schädigen, indem ich zu spät Einsicht gezeigt habe.

<u>Begründung für die Phase:</u>

Frau Wagner kam bereits mit der Einsicht ihrerseits, dass sie etwas für ihre Gesundheit machen muss, in das Beratungsgespräch. Somit ist ebenso der erste Schritt in die nächste Phase, die präaktionale Volitionsphase, getan. Sie hat ein Ziel vor Augen und benötigt nur noch den richtigen Weg bzw. die richtige Art und Weise, sodass es gut mit ihrem Arbeitsalltag kompatibel ist.

<u>Präaktionale Volitionsphase</u>

Berater: Wie stellen Sie sich denn den ersten Schritt auf Ihrem Weg vor?

Kundin: Das ist eben das Problem, weswegen ich auch hier bin. Den Ansatz zu finden fällt mir sehr schwer. Wenn ich mich einfach in einem Sportkurs oder ähnlichem anmelde, dann würde ich in der ersten Zeit wohl noch regelmäßig gehen... Aber wenn mir dann eine Dienstreise einen Strich durch die Rechnung macht, und somit die Regelmäßigkeit unterbrochen wird, dann kann ich es mit Sicherheit nicht bis zum Ende durchziehen.

Berater: Also wäre ein erster Schritt regelmäßig, vielleicht einmal in der Woche, zum Sport zu gehen. Damit können wir anfangen.

Kundin: Eigentlich schon, jedoch besteht in Sportkursen nur selten etwas in Richtung „Anwesenheitspflicht". Die Versuchung, es nur einmal ausfallen zu lassen, wäre zu groß. Optimal wäre eine sportliche Aktivität, die mir Struktur gibt und an die ich mich terminlich halten muss.

Berater: Diese Form von Training gibt es vor allem in EMS-Studios. Es sei denn, Sie wollen sich vielleicht einen Personal Trainer organisieren.

Kundin: Daran habe ich auch schon gedacht, aber ich denke das ist mir zu unsicher. Ich langweile mich schnell, wenn ich in einem Bereich mit nur einer Person zutun habe. Ein ständiger Trainerwechsel würde mich da eher ansprechen.

Berater: Das bedeutet also, dass Abwechslung in der Trainingsleitung Sie eher daran hindern wurde, nicht dranzubleiben? Gibt es denn noch weitere Punkte, die Sie an Ihrem Vorhaben hindern könnten?

Kundin: Genauso ist es. Nun ich würde sagen, in erster Linie die Arbeit. Ich habe bereits die Geschäftsreisen angesprochen, welche immer wieder anfallen. Aber wenn es die Möglichkeit gibt, terminlich an Trainings gebunden zu sein, dann lässt es sich vorausschauend einplanen. Zum anderen habe ich Bedenken, dass ich durch meinen Bluthochdruck stark eingeschränkt bin. Gibt es denn da einen Weg?

Berater: Die bereits angesprochenen EMS-Studios bieten zu Beginn einen sogenannten sportmedizinischen Check-Up an. Im Idealfall haben sie einen Kooperationsarzt, zu dem sie direkt weitergeleitet werden. Bei diesem Vorgang werden Sie auf Ihre bereits vorhandenen und eventuell noch bestehenden Einschränkungen oder auch Krankheiten getestet.

Kundin: Das hört sich natürlich perfekt für mich an! Danach wäre ich auf jeden Fall beruhigt und entwickle am Ende durch einen solchen Service noch mehr Motivation, mich um meine Gesundheit zu kümmern.

Berater: Dann würde ich Ihnen eine Liste mit möglichen EMS-Studios geben und Sie absolvieren in einem Studio Ihrer Wahl ein Probetraining und lassen sich somit die unterschiedlichen Möglichkeiten vorstellen.

Kundin: Das hört sich gut an! Können Sie mir noch genaueres über diese Methode erzählen?

Berater: Die genauere Erklärung der EMS-Methode würde dann zum Probetraining folgen aber ich kann Ihnen sagen, dass nur einmal in der Woche ein 20-minütiges Training anfallen wird. Mehr ist wissenschaftlich nicht sinnvoll.

Kundin: Dann passt es ja auch perfekt zu meinem zeitaufwendigen Beruf. Okay dann werde ich mir eines der Studios mal ansehen und dort ein Probetraining absolvieren.

Berater: Dann legen wir das erstmal als ersten Schritt zur Veränderung fest. Nach und nach könnten wir selbstverständlich auch Themen wie Ernährung darauf anpassen. Klingt das soweit gut für Sie?

Kundin: Das klingt perfekt! Vielen Dank.

Begründung für die Phase:

Frau Wagner hat genauen Vorstellungen davon, was eine Sportaktivität anbieten muss, damit sie diese regelmäßig besuchen und nutzen kann. Somit bringt sie sich bereits gut in der Entwicklung einer Strategie ein. Nach Vorschlag eines möglichen Weges ist sie in Ihrem Vorhaben bestärkt und motiviert, dieses sofort umzusetzen. Ein erster Schritt in Richtung regelmäßigen Sport ist somit getan und nun liegt es an ihr, diesen umzusetzen.

4 Literaturverzeichnis

Backhaus, O., Petermann, F. & Hampel, P. (2010). Effekte des Anti-Stress-Trainings in der Grundschule. *Kindheit und Entwicklung*, 19, S. 119-128.

Basler, H.-D., Jäkle, C., Keller, S. & Baum, E. (1999). Selbstwirksamkeit, Entscheidungsbalancen und die Motivation zu sportlicher Aktivität. *Zeitschrift für Differentielle und Diagnostische Psychologie, 20*, S. 203-216.

Döbele, M. & Becker, U. (2016). *Ambulante Pflege von A bis Z*, S. 328-329.

Dohnke, B., Müller-Fahrnow, W. & Knäuper, B. (2006). Der Einfluss von Ergebnis- und Selbstwirksamkeitserwartungen auf die Ergebnisse einer Rehabilitation nach Hüftgelenkeinsatz. *Zeitschrift für Gesundheitspsychologie, 14 (1)*, 11-20.

Euler, M. (2020). *Der Anti-Stress-Trainer für Vertriebsleiter*. Wiesbaden: Springer Gabler.

Hensch, D. (2011). Beschwerden bei Stress, Depressionen, Burnout und Angsterkrankungen. *Erfolgreich gegen Depression und Angst*, S. 7-8.

Kaluza, G. (2018). *Gelassen und sicher im Stress*, S. 13.

Pieter, A. (2019). *Studienbrief Psychologie des Gesundheitsverhaltens*. Saarbrücken: Deutsche Hochschule für Prävention und Gesundheitsmanagement, S. 92, 223.

Rusch, S. (2019). Stressmanagement. *Ein Arbeitsbuch für die Aus-, Fort- und Weiterbildung*, S. 15, 67.

Schneider, J. & Rief, W. (2007). Selbstwirksamkeitserwartungen und Therapieerfolge bei Patienten mit anhaltender somatoformer Schmerzstörung (ICD-10: F54.4). *Zeitschrift für Klinische Psychologie und Psychotherapie, 36 (1)*, 46-56.

5 Abbildung- und Tabellenverzeichnis

5.1 Abbildungsverzeichnis

5.2 Tabellenverzeichnis